CHISTES BUENOS DE VERDAD

ENRIQUE CARLOS MARTÍN

CHISTES BUENOS DE VERDAD

¡Y NO LOS QUE TE CUENTA TU PADRE!

ALFAGUARA

Papel certificado por el Forest Stewardship Council®

Primera edición: febrero de 2025
Segunda reimpresión: diciembre de 2025

© 2025, Enrique Carlos Martín, por el texto y las ilustraciones
Representado por Tormenta
www.tormentalibros.com
© 2025, Penguin Random House Grupo Editorial, S. A. U.
Travessera de Gràcia, 47-49. 08021 Barcelona
Imágenes de interior: Freepik

Printed in Spain – Impreso en España

ISBN: 978-84-10190-17-7
Depósito legal: B-21.376-2024

Impreso en Arcángel Maggio Europa S. L.

AL 90177

*Este libro se lo dedico a mi querido
sobri Carlos, que no pierde una ocasión
para hacer reír a todo el mundo*

^__^

1

Dos amigos están en el vestuario del gimnasio.

Uno mira al otro con cara de asco y le dice:

—Oye…, ¿hoy te has echado colonia?

—Sí, de lavanda.

—¡Pues creo que se te ha muerto un músico!

2

—A mí es que me da miedo ese deporte con espadas.

—¿Esgrima?

—No, no, te aseguro que es miedo.

3

En un estadio de fútbol, un niño se encuentra a un amigo suyo que es muy pequeño y delgado.

—¿Qué haces en el Gol Sur? ¿Tú no tenías entrada para el Gol Norte?

—Me he despistado un momento y me ha traído la ola.

4

—Muy buenas. ¿Es aquí el curso de tiro con arco?
—Sí, ¿te apunto?
—¡A mí no, a la diana!

5

—Busqué profesionales del escondite para organizar
un torneo nacional y no hubo manera.
—¿Y eso?
—¡No hay quien los encuentre!

6

—¿A qué te dedicas?

—Soy deportista de fácil rendimiento.

—Será de alto rendimiento.

—No, no, que me rindo fácilmente.

7

—Hoy he soñado que era un futbolista famoso,
como mi padre.
—¿Tu padre es un futbolista famoso?
—No, pero siempre lo sueña.

8

—¿Has visto las caras que traen los surfistas?
—Sí, es que el mar ha amanecido sin olas.
—Claro, estarán des-ola-dos.

9

—Papá, el entrenador de fútbol me ha dicho que hoy he jugado regular.

—Pero ¿no dices que has metido un gol?

—Sí, pero es que hemos perdido 1 a 0…

10

—¿Qué tal tu primer día con el monopatín?

—¡Fuper fien, grafias!

—Dime una palabra que tenga una «o».

—Gol.

—Bien. Ahora una que tenga más.

—Más goles.

—No, no, me refiero a que tenga más de una «o».

—¡Ah, vale! ¡Goooooooool!

12

En un emocionante encuentro de fútbol entre patos,
con 1 a 1 en el marcador, suena el final del partido.
Un pato se despide de su rival con un apretón de ala.
—¡Jo, siempre acabamos empatados!

13

—Hoy me ha dicho el entrenador que, conmigo
en el equipo, van a llover los goles.
—¡Qué bien! ¡Eso es que confía mucho en ti!
—Pues no sé… Porque resulta que soy el portero.

14

—El médico me ha aconsejado que deje de jugar al fútbol.
—¿Cree que es malo para tu salud?
—No, pero me ha visto jugar.

—¿Sabías que todos tenemos un pie más pequeño que el otro?

—¡Pues en mi caso es todo lo contrario!

—¿Anda, y eso?

—Porque yo tengo un pie más grande que el otro.

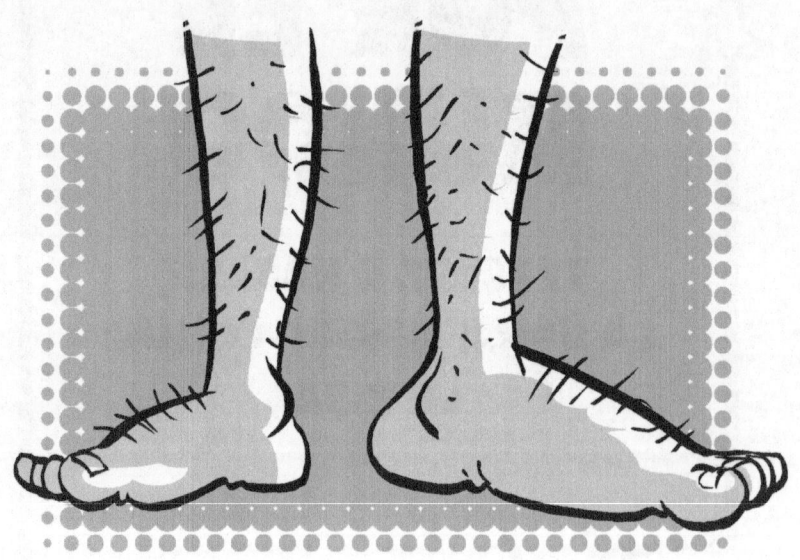

16

—¿Te gusta mi disfraz de camaleón?

—¿Quién ha dicho eso?

17

—¿Duele mucho hacerse un tatuaje?
—Pues depende de la zona.
—Yo vivo en la montaña.

18

—¿Me dices cuál es tu mayor virtud?
—¡Ya te he dicho que la paciencia! ¿Estás sordo o qué?

19

—¿Cómo es eso de que estás enfadado con el maniquí?
—¡Es que no soporto a la gente falsa!

20

—¿Cómo te llamas?
—¡Te lo diré con una adivinanza! El mañana llegará
y no podrás llamarme, pero el ayer pasó y no…
—¡Déjate de acertijos y dime cómo te llamas!
—Eloy.

21

—¡Está la mañana muy fresca!
—¡Claro! Es que es de hoy.

22

—¡Te detesto!
—¡«Q» de queso!
—¿Qué dices?
—Yo que sé, has empezado tú el juego.

23

—¿Ya te has comido todos los bombones? ¿No sabías que yo volvía enseguida?
—¡Claro! Por eso me he dado prisa.

24

—¡Cuéntame un chiste malo, que me encantan!
—A ver… Ah, sí: «Era un chiste tan malo, tan malo, que les pegaba a los chistes pequeñitos».
—Pues no me ha hecho gracia.
—A los chistes pequeñitos tampoco.

25

Después de un espectáculo de ballet…
—He visto que las bailarinas van siempre de puntillas, y me preguntaba…
—¿El qué?
—¿No sería mejor buscar a unas más altas?

26

—¿A qué te dedicas?
—Soy experto en jeroglíficos.
—¡Ay, qué bien! ¿Le echas un vistazo al mío, porfa? Últimamente no enfría muy bien.

—Yo antes era muy indeciso.

—¿Y ahora?

—Ahora no estoy seguro.

—¿Sabes lo que eres? ¡Un egocéntrico!

—¡Pues anda que yo!

29

—¿Has visto? Le lanzo un palo a mi perro, me lo trae, y le doy una galleta. ¿Quieres probar?

—Vale, pero no me lo lances muy lejos, porfa.

30

En el desierto, un globo advierte a otro:

—¡Eh, cuidado con el cactussssssssssssssssss…!

31

—Es normal que los mariscos vivan en el mar.

—¿Por?

—Porque si vivieran en Francia, serían los franciscos.

—Cuando estoy con mis amigos, me siento un gallina.

—¿Desde cuándo?

—Desde que era un pollito.

33

Dos chicos están asomados a la ventana
de un tren. De pronto, uno avisa:

—¡Eh, cuidado con los postetetetetetetete…!

34

—¿Por qué esos zapatos tienen un tacón más alto que el otro? ¡Parecen incomodísimos!

—¡Pues no sabes lo peor! En casa tengo otro par igual.

35

—Oye, ¿tú sabías que las famosas cajas negras de los aviones en realidad son naranjas?

—¡¿Qué dices?! ¿No son cajas?

36

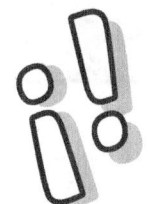

—¿Qué crees que es peor: ser ignorante o ser indiferente?

—Ni lo sé ni me importa.

37

Un 9 pasea con otro 9, cuando ven llegar un 6.

—Pobrecito.

—Sí, siempre anda de cabeza.

—¿Podrías decirme cuál es tu mayor defecto?

—Me meto en las conversaciones de los demás.

—Oye, que no hablaba contigo.

—Bueno, ahora sí.

39

—Te he dicho un trillón de veces o más
que dejes de exagerar.

40

—¡Mira que eres tiquismiquis!

—Tiquismiquis, tiquismiquis… Tampoco es la palabra.

41

—¿Puedes explicarme por qué eres tan vago?

—No, por favor, qué pereza…

—¡Buaaa! —llora el cepillo de dientes en su cubilete.

—¿Qué te pasa? —le pregunta el jabón.

—¡Que tengo el peor trabajo del mundo! —le responde.

—¡Te lo cambio! —grita el rollo de papel higiénico, desesperado.

43

—Soldado Caius Exactus, ¿a qué estamos hoy? —pregunta el centurión romano.

—A martes, diez de enero del año II antes de Cristo.

—Con lo de martes me valía… Por cierto, ¿quién es Cristo?

—Me faltan datos, mi centurión. Creo que todavía no ha nacido.

44

Con el juicio a punto de terminar, el juez le dice
al acusado:
—Hable ahora o calle para siempre.
—Elijo calle.

45

—Perdone, ¿sabe dónde está la calle Guitarra?
—Hummm... La verdad es que me suena.

 34

46

—Los amaneceres en la montaña son preciosos, ¿verdad?

—Sí, pero los ponen a una hora muy mala.

47

—¿Has estado en el laberinto?

—No.

—Pues no sabes lo que te pierdes.

48

—Creo que me ha sentado mal el pollo.
Igual no estaba muy sano.
—¿Y no te diste cuenta al cocinarlo?
—Ah, pero… ¿había que cocinarlo?

49

Un chupachús se encuentra con una piruleta,
se sobresalta al verla y le dice:
—¡Ay, pobre! ¿Te han atropellado?

50

En la intimidad de la noche cerrada, en un
cruce de avenidas, dos semáforos murmuran:
—Ese ojo verde tuyo me hechiza.
—¡Calla, calla, que me pongo rojo!

51

—Hola, cielo, ¿cómo estarás de tiempo mañana?

—Muy nuboso y con probabilidades de tormenta eléctrica.

—Desde que trabajas dando el tiempo, te has vuelto muy gracioso.

—No te precipites, solo son rachas. Es para bajar la presión.

52

—No he llevado muy bien mi viaje a Canarias.
—¿Cansado?
—Más bien aplatanado.

53

—¡¡¡Mira, Manolo, audífonos nuevos!!! ¡¡¡Son maravillosos!!! ¡¡¡Se acabó la sordera!!!
—¡¡¡¿Y por qué no dejas de gritar?!!!
—¡¡¡No sé, es la costumbre!!!

54

—¡En esta parte de la oficina te congelas! ¡Debe de estar a cero grados!

—Pues en la esquina te asas.

—¿Y eso?

—Todo el mundo sabe que las esquinas tienen noventa grados.

55

—Buenos días, veo fatal de cerca. Creo que la palabra es hipermétrope. ¿Es grave?

—No, es esdrújula.

—¿Y eso qué tiene que ver con mis ojos?

—Pregúntele a su oculista, que yo soy la profe de Lengua de la escuela que está al lado.

56

—¡Ya he terminado el puzle y solo he tardado tres semanas! ¡Soy un crack!

—¿Un crack y has tardado tres semanas?

—¡Hombre, es que en la caja ponía «de 3 a 5 años»!

57

—Por las mañanas, cuando acabo de despertarme, hay tres cosas que no puedo comer.

—¿Cuáles?

—El almuerzo, la merienda y la cena.

58

—Ayer estuve mirando el reloj fijamente treinta
segundos, y, ¿sabes qué pasó?
—¿Qué?
—Medio minuto.

59

—¿Sabes cuál es el libro que más teme
un librero que le pidan?
—¿Cuál?
—El de reclamaciones.

60

—¡Te digo que puedo estar días y días sin comer!
—¿Y cómo aguantas?
—Comiendo mucho por las noches.

61

—He visto dos soldados en moto que han chocado contra un árbol.

—¿Y se han caído?

—¡Qué va! ¡Te he dicho que iban soldados!

62

—Mira, hay una hamburguesa por siete euros y otra por cinco.

—¿Y cuál es la diferencia?

—Dos euros.

63

Le dice una sábana a otra:

—¿A ti qué te pasa hoy, que estás como loca?

—¡Nada, que se me ha ido la pinza!

64

—¿Y ese brazo escayolado?

—No veas, tío, me lo he roto por tres sitios.

—Espero que no vuelvas por ninguno de los tres…

65

—Hay días que te puede la obsesión por la comida.
—¿Cuándo? ¿Qué días? Tienes que ser más croqueta.

66

—¿Qué tal ha ido el curso para despistados?
—Ah, pero ¿era hoy?

67

En el País de los Números, la amistad
entre el uno y el tres no salió bien.
Dicen que fue mala suerte.

68

—Fui a la tienda de disfraces a buscar
uno de camuflaje.
—¿Y los había buenos?
—¡Buenísimos! No conseguí encontrarlos.

69

—A mí la higiene y la limpieza no me preocupan mucho.
—¿Desde cuándo?
—Desde que era un lechón.

70

—Marta, el trabajo que has presentado sobre el Imperio Romano es un desastre.

—¿Seguro que has leído las dos caras de la servilleta, profe?

Imperio Romano

71

—Mateo, dime un ejemplo de rima consonante.

—La ene.

—Una consonante no, ¡que estás dormido! ¡Una rima!

—¡Haberlo dicho antes, profe! La ene va y viene.

72

—A ver, Paula, ¿sabes decirme qué tienen
en común los números primos?

—Hummm… ¿Sus abuelos?

73

—Ufff… ¡No me gusta nada este libro de Matemáticas!

—¿Por qué?

—¡Porque solo me da problemas!

74

—A ver, clase, ¿un sinónimo de «inteligente»?

—¡Profesora!

—¡Qué bonito, Hugo, gracias!

—No, profesora, que si puedo ir al baño.

75

—Lucas, si tienes ciento diez euros en un bolsillo
y doscientos quince euros en el otro, ¿qué tienes?
—Los pantalones de otro, profe.

76

—No aguanto a los sabelotodo.
—Lo sé desde siempre.

La Policía llega al cole:

—¿Es usted el profesor de Matemáticas?

—¿Por?

—¡Ha sustraído!

—¡Lo asumo!

—¡Lo arresto! ¡Se acabó la operación!

78

—¿Examen sorpresa, profe?

—Sí, pero tiene unas preguntas muy fáciles.

—Hombre, yo prefiero que lo fácil sean las respuestas.

79

—A ver, Sofía, nombra tres miembros de los felinos.

—¡Esa me la sé! Papá felino, mamá felina e hija felina.

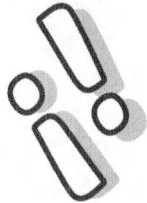

80

—¡Mamá, mamá, tengo un 10!

—¡Genial! ¿En qué asignatura?

—Pues en dos: un 5 en Mates y un 5 en Lengua.

81

—¡Pablo! ¡Que en clase no se puede dormir!

—¡Desde luego! Con tantas voces, no hay quien coja el sueño.

82

—A ver, vamos a hacer una ronda de preguntas. Hay que responder con rapidez. Martín, ¿capital de Italia?

—¡Madrid!

—¿Qué dices? ¡Mal!

—Ya, pero… ¿a que he respondido rápido?

83

—¿Por qué te pones tan elegante para ir al cole?
—Es que tengo clase.

84

—Hoy toca conjugar verbos. A ver, Isabel, si el futuro perfecto de la frase «Hoy voy al parque» es «Mañana iré al parque», ¿Cuál sería el futuro perfecto de «Hoy ha sobrado pollo»?
—¡Mañana comeré croquetas de pollo!

—Hoy en clase vamos a dar ideas para limpiar la naturaleza. ¿Quién empieza?

—¡Yo! ¡Hay que convertir las montañas en volcanes! Así estarán más limpias.

—¿Más limpias? ¿Cómo es eso?

—Porque un volcán primero echa ceniza y, después, lava.

86

—María, llevas todo el día sonriendo. ¿Te ha pasado algo divertido o es porque estás muy feliz?
—¡Es que mi padre me ha hecho las coletas demasiado tirantes!

87

—Oye, Mateo, te veo adusto, cabizbajo y abstraído. ¿Necesitas algo?
—Un diccionario.

—¿Te sabes algún chiste con operaciones matemáticas?

—Más o menos, ¿por?

—Mamá, mamá, ¿cómo se llaman los que son de Granada?

—Granadinos.

—¿Y los de Alicante?

—Alicantinos.

—Curioso. Hum… Estoy temiendo preguntar…

—¿El qué?

—¿Cómo se llaman entonces los de Creta?

90

—Creo que no le caigo bien al nuevo de la clase. Piensa que soy medio antipático.

—Tranquilo, eso es que solo te conoce a medias.

91

—Isabel, dime en inglés: «El perro se cayó al agua».

—«The dog chof in the water and guau, guau, glu, glu».

92

—Isabel, dime cómo se llaman los habitantes de París.
—¿¿Quééé?? ¿Todos?

93

—Hoy vamos a dar los decimales.
—¡Ay, qué bien! Los decimales, con sus trineos, sus iglús y todo eso, me encantan.

94

—¡Guau! ¿Cómo vienes al cole con esa bici tan chula?

—Es gracias a mi hermano.

—¡Qué suerte! ¿Y tu hermano?

—Pues andará por ahí buscando la bici.

95

—¿En serio me traes una redacción sobre la leche, con una sola línea de texto?

—Profe, es que es sobre la leche condensada.

—Si en una mano tengo 7 naranjas y en la otra 8, ¿qué tengo?
—Unas manos como palas, profe.

97

Dos compañeros de clase se encuentran en el pasillo...
—¡Oye, que sepas que he suspendido el examen de
Lengua que me ayudaste a estudiar!
—¡*Himplosible*, lo *yevavas mui vien hestudiado*!
Ece profe te tiene *mánia*.

98

—¡Que no te vea copiando en el examen! ¿De acuerdo?

—Sí, profe, pero no mires, ¿vale?

99

—Esta mañana, en el cole, me han llamado mentiroso.

—Pero ¡si esta mañana no ha habido cole!

100

—Profesor, mi hijo acaba de llegar al cole y me preocupa que sus compañeros se rían de él porque no sabe pronunciar la erre.

—Nada, nada, no se preocupe, seguro que no se burlan. A ver, ¿cómo te llamas, pequeño?

—Pedo.

101

En clase de Lengua...

—A ver, ¿la «m» con la «a»?

—Ma.

—¿Y si la repites dos veces?

—Mama.

—¿Y si le pones tilde?

—Matilde.

102

—¿Qué ocurre, señor policía?

—¿No es evidente? ¡Van cuatro montados en la moto!

—¿Cuatro? ¡No me diga! ¡Chicos, que nos hemos dejado a Manolo en la gasolinera!

103

—¡Anda, acabas de abrir la guardería
y ya tienes esto lleno de niños!

—No, no, son solo dos, pero es que son muy nerviosos.

104

—A ver… En tres palabras, ¿cómo se define a sí mismo?

—Vago.

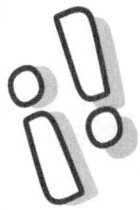

105

—Camarero, tenga, cóbrese el café que me ha puesto.

—¿Con un billete del Monopoli? No es dinero de verdad.

—Bueno, tampoco lo es el café y no le he dicho nada…

106

En Urgencias…

—¡Me acaba de picar una serpiente!

—¿Cobra?

—¡No, qué va, me ha picado gratis!

107

—¿Qué tal el cole, hijo?

—¡Genial, mamá! ¡Sigo siendo el que más sabe!

—¡Menos mal! Si no, menudo profe.

108

—Últimamente estoy un poco agobiado. Tengo la sensación de que todo el mundo se ríe de mí.

—Hummm… Quizás deberías dejar el trabajo de payaso.

109

—¡Conductor! ¡Va más lento que un caracol cojo! ¿Le dieron el carnet de conducir por pena? ¿Cuándo va a llegar a su destino esta porquería de autobús?
—Hombre, yo creo que se ha pasado tres pueblos.

110

Se acerca un camarero a una mesa:
—Caballero, ¿vino con el filete?
—No, yo vine solo. El filete me lo trajo otro camarero.

111

—Doctor, no logro centrarme y prestar atención a nada.
—Vayamos paso a paso: puntúe del 1 al 10 su capacidad de concentración.
—La A.

112

Dos vecinas se encuentran en la calle…
—¡Hola, Juana, qué alegría verte!
¿Qué tal fue tu operación de oído?
—¡Por supuesto!

113

Se acerca un camarero sonriente a una mesa
y pregunta:
—¿Qué? ¿Cómo ha encontrado el filete?
—Pues buscando mucho entre las patatas.

114

—Doctora, no se me quita de la cabeza: «2+1»
y otra vez, «2+1», y de nuevo, «2+1»... ¿Qué es?
—Estrés.

—¿A qué te dedicas?

—Soy el encargado de la planta de Traumatología.

—¿Y qué haces, concretamente?

—La riego, miro si tiene bichitos…

116

—Anda, ven, que te invito a comer algo.

—Vale, pero soy vegetariano.

—Pues entonces te invito a comer alga.

117

En una llamada telefónica…

—¡Hola! ¿La pescadería?

—No, la zapatería.

—Me he equivocado de número.

—Sin problema, tráigalos y se los cambiamos por otros.

118

La Policía interroga a un testigo:

—A ver, cuénteme…

—Bueno, yo iba montado a caballo…

—¿A caballo?

—Sí. Justo al lado del coche de bomberos.

—¿Bomberos?

—Sí, y delante teníamos una barca.

—¿Pero dónde se encontraba usted?

—En un tiovivo.

119

—Doctora, me duele la pierna derecha.

—Eso es por la edad.

—No puede ser. La izquierda tiene la misma edad y esa no me duele.

120

—Doctor, hace una semana que ni como ni duermo. ¿Qué puedo tener?

—¡Un sueño y un hambre terribles!

121

—Camarero, por favor, póngame un café y una gamba.
El camarero le sirve y se queda observando. El cliente
pela una gamba, la moja en café y se la come.
—Perdone que me meta donde no me llaman, pero
en mis quince años de camarero es la primera vez que
veo comer una gamba mojada en café.
—Y la última, ¡porque esto está malísimo!

122

El capitán le dice a un soldado:
—Ayer no le vi en las prácticas de camuflaje.
—¡Gracias, señor!

123

—Soy el detective privado más rápido de la historia.
Ayer vino la Policía a preguntarme sobre un asesinato
y lo resolví en un segundo.
—¿Y cómo lo hiciste?
—Me entregué.

124

—¿Tiene uvas?
—Muy buenas.
—Perdón, qué maleducado he sido…
Muy buenas, ¿tiene uvas?

125

—¿A qué te dedicas?

—Soy roquero.

—¿Y qué instrumento tocas?

—¿Instrumento? Pues no lo había pensado, pero creo que a las rocas les va a dar igual la música.

126

No era un buen profe de Matemáticas.
Se equivocaba cada dos por tres.

—Camarero, hay una mosca ahogada en mi sopa. Tráigame otra ahora mismo.

—¡Otra mosca para la mesa tres!

128

—Creo que me he hecho amigo del panadero.

—¿Ah, sí?

—Parece que hemos hecho muy buenas migas.

129

—¿Cómo fue tu operación de oído?

—Bastante bien. La doctora dice que ahora tengo el oído muy fino.

—Entonces tendrás que ir a la ópera.

—Sí, mi doctora opera, sí.

—Hombre, parece que aún no lo tienes muy fino.

—Sí, la verdad es que yo también estoy canino.

130

—He encontrado un trabajo en el que me siento como pez en el agua.

—¡Qué bien! ¿De qué trabajas?

—De socorrista.

—La policía está buscando a unos falsificadores de pelucas de marca.

—Lo sé, están peinando la zona.

132

Un policía se acerca a su superior, que examina el lugar del robo, y le dice:

—¿Cree que los delincuentes forman parte de la orquesta que tocó en la fiesta?

—Sí. El de la guitarra, el del violín y la del arpa.

—Hummm… Creo que tiene razón, todo concuerda.

133

Llevaba mucho tiempo ya como inspector del cuerpo de Policía y había investigado infinidad de delitos, pero aquel caso del panadero se le hizo intragable.
Tenía demasiada miga.

134

—¡Te admiro mucho como escritor!
—Gracias.
—¿Cómo consigues mantener tan bien la intriga?
—Verás, solo hay que… Bueno, luego te lo cuento.

135

—Soy topógrafo.

—¿No preferirías ser *gatógrafo*? Seguro que venderías más fotos.

136

—Doctora, pensar en el futuro me quita el sueño.

—¿Desde cuándo le ocurre?

—Desde el jueves que viene.

137

En una farmacia…

—Sí, sí, llegaron más medicinas para el cansancio. Aunque… ¡se agotaron enseguida!

138

—Hola, ¿tiene algo bueno para las hormigas?

—Tenemos un insecticida especial que las fulmina en un segundo.

—¡Pero, hombre! Eso no es nada bueno para las hormigas, pobrecillas.

139

—Doctor, llevo todo el día sintiendo que me falta el aire. ¿Qué será?

—Será que es usted muy bruto, porque lleva la camisa muy ajustada y abrochada hasta el cuello.

140

—Doctora, tomar café me da
un dolor terrible en el ojo.
—¿Ha probado a quitar
la cucharilla de la taza?

141

—¿Cuántos euros cuesta la tapa
de calamares a la plancha?
—7.
—¿Y a la romana?
—VII.

—Doctor, creo que cada día estoy más viejo.
¿Qué tengo?
—Siento decirle que tiene usted toda la razón.

143

En la carrera de Veterinaria…
—Profesora, ¿qué hay que darle a un
elefante con diarrea?
—Muuuuuucho espacio.

144

—¿Tu hijo sigue tocando la batería?

—Sí, ahora está en Inglaterra porque le han dado una beca.

—¡Ostras, qué bien! ¿El Estado?

—No, no, los vecinos.

145

—Mi amiga quiere dedicarse a cantar y a bailar, pero dice que le falta tiempo. Le he dicho que siga con el baile y que deje lo demás.

—¿La has visto bailar?

—No, pero la he escuchado cantar.

146

Un niño le dice a su hermano:

—Me he encontrado una mofeta en el bosque.
Parecía perdida, así que tenemos que cuidarla.

—Pero ¿dónde la metemos?

—En nuestra habitación.

—¿Y el olor?

—Bueno, ya se acostumbrará.

147

—Manolito, suénate los mocos.

—*Babá, de* he dicho *de* no *dengo* mocos.

148

—¿En qué trabaja tu madre?
—En una empresa de importación y también de exportación.
—¿Y de qué trabaja allí?
—Es la presidenta.
—¡Qué importante!
—Y también *exportante*.

149

Dos chicas charlan a la salida del instituto.
—Ay, me encanta Javier. Tiene los ojos azules y, según dicen, reflejan un profundo y precioso océano interior.
La amiga pone cara de asco.
—¿Qué te pasa?
—Que mi novio tiene los ojos marrones…

150

—Y esa otra silla la ocupará el tío Haguroyama.

—¿El luchador de sumo?

—Sí.

—*Pobresilla.*

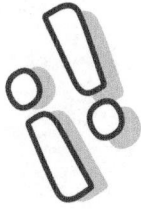

151

—Oye, Paquito, ¿qué serás de mayor?

—Seré Paco.

152

—Mi hija ha empezado a dar clases de natación.
—¿Sí? ¿Y cómo le va?
—Pues nada mal.

153

—Papá, se ha caído la estantería sobre
esas figuras carísimas que trajiste de Japón
y ahora están todas destrozadas.
—¿¿Están qué??
—Estantería.

154

—¿Qué tal las plantas de tus macetas, mamá?

—Bueno, ahora mismo hay unas que huelen fatal.

—¿Cuáles?

—¡Las de tus pies!

155

—Papá, ¿me puedes llevar al oftalmólogo?
Creo que necesito gafas.

—¡A ver, que soy tu vecina Juana!

156

—Me gustaría tener un hijo.
—Pero ¡si ya tienes cinco…!
—Por eso.

157

—¡Hijo, deja de decirles a los vecinos que trabajo en el Pentágono!
—Pero ¿no trabajas en el Pentágono?
—¡Noooooo, en el polígono!

158

—Mamá, la profe se ha emocionado con mi redacción sobre la primavera.
—¿Sí? ¡Qué bien! ¿Qué te ha dicho?
—Que daba pena.

159

—Iván, cuando llegue a tu calle, toco el claxon y bajas.
—¿Te has comprado un coche?
—No, me he comprado un claxon.

160

—¿De qué signo es tu madre?
—Pues será de exclamación, porque grita mucho.

161

—Mamá, ¿hay gelatina?
—Pues sé que hay una i griega y una i latina,
pero la ge no sé de qué tipo es.

162

—Papá, me parece que no haces más
que pensar en tu móvil.
—No sé por qué lo dices, Aifonsiete.

163

—A mi hermano se le han caído dos dientes.
—Pero ¿no tiene dieciocho años?
—Sí, y un patinete eléctrico.

164

—¿En qué trabaja tu padre?

—Es supervisor.

—¡Qué pasada tener un padre superhéroe!

165

—Mamá está enfadada.

—¿Y eso?

—Dice que no escucho cuando me habla.

—¿Y qué más te dijo?

—Algo de no sé qué, y de no sé cuántos…

166

—¿Parto la pizza en cuatro trozos o en ocho?

— Uf, no, ¡en ocho no! ¡Que no tengo tanta hambre!

167

—¡Mamá, me voy a hacer un tatuaje!

—¿Estás segura, hija? Piénsatelo bien, que es algo que te tiene que gustar toda la vida.

—Entonces… ¡me tatuaré una pizza!

168

—Mamá, ¿me das un par de euros para un señor
que está gritando en la calle?
—Ay, hijo, me gusta que te preocupes por la gente
que sufre. Aquí tienes. ¿Qué es lo que grita?
—«¡Helados a dos euros!».

169

—Mamá, tengo una buena noticia para ti.
¿Te acuerdas de que me dijiste que, si
aprobaba todas, me comprarías una bici?
—¡Sí! ¿Has aprobado?
—¡No! Por eso es una buena noticia para ti.

170

—¿Qué has comprado en el mercado, mamá?

—Si lo adivinas, te doy un racimo.

—¿Patatas?

171

Una niña le pregunta a su hermano:

—Mañana tengo un examen de Mates. ¿Me ayudas?

—Mira, te diré una cosa… Hay tres tipos de personas: las que saben de números y las que no.

172

—¡Mamá, no me llames cada media hora! Ya te he dicho tres veces que vuelvo a casa en cinco minutos.

173

—Pablo, sé educado con la abuela; no le gusta nada que le digan que está muy mayor.
—No te preocupes, mamá.
—Abuela, qué bien te veo. Estás muy joven.
—Ji, ji, gracias, cariño. Te voy a contar algo, ¿sabes cuál es mi primer recuerdo?
—Pues, no sé… ¿La invención del fuego?

174

Un señor, en el autobús…
—Oiga, por favor, dígale a su hijo que deje de imitarme.
—¡Pedro, hijo, deja de hacer el tonto!

175

—¿Por qué estás tan triste?

—Porque mis padres dicen que vamos de vacaciones a casa de la abuela, pero yo tenía ganas de ir a un parque de atracciones, como el año pasado.

—¡Hala! ¿El año pasado fuiste a un parque de atracciones?

—No, pero también tenía ganas.

176

En una excursión por el monte, un padre le dice a su hijo:

—Te voy a enseñar a hacer fuego con dos palos.

—¡Qué bien! ¿Cómo se hace?

—Primero hay que conseguir dos palos. Y, muy importante: uno de los dos tiene que ser una cerilla.

177

—Los finales felices siempre me hacen llorar —dijo el tiburón en el cine del fondo marino al acabar de ver *Titanic*.

178

Dos perros por el parque…
—¡Guau!
—¡Yo iba a decir lo mismo!

179

Una policía se acerca rápidamente a una pareja un tanto extraña.

—¡Oiga, señora! ¿Qué hace con ese chimpancé de la mano?

—Pues es que me lo he encontrado algo triste, junto a la entrada de Metro.

—¡Ah! ¿Y lo lleva al zoo?

—No, ya lo he llevado allí y le ha gustado mucho. Ahora lo llevo al cine porque ya está más animado.

180

Una chica pasea un perrito pequinés y se encuentra
con una amiga.

—¡Anda! ¿Y este animalito?

—Es un perro policía.

—¡Pues no lo parece!

—Es que es de la secreta.

181

Dos gorriones en un árbol miran cómo una ardilla sube
hasta su nido, salta al vacío y se choca contra el suelo.
La ardilla se sacude, vuelve a subir por el tronco y de nuevo
salta desde el nido. Uno de los pájaros le dice al otro:

—¿No crees que es hora de confesarle que es adoptada?

182

Le dice una vaca a otra:

—Oye, ¿has oído lo de la enfermedad esa de las vacas locas?

—Uy, sí, menos mal que nosotras somos palomas.

183

Un piojo en la cabeza de un calvo, le dice a su piojito:

—Hijo, cuando yo tenía tu edad, todo esto era campo.

Una oveja esquilada le dice a otra oveja lanuda:
—A ver si tú tienes más suerte… Yo le he dicho que solo las puntas y mira cómo me ha dejado.

185

Un pastor llega con su perro al corral
de las ovejas y una de ellas le dice:
—¡Buenos días, pastor!
El hombre pega un brinco del susto y huye por el campo,
seguido por su perro. Cuando se detiene, su perro le dice:
—¡Vaya susto nos ha dado la oveja esa!

186

Están dos pececillos en el mar…
—¿Vienes a jugar a la barrera de coral?
—No, que si nadamos rápido siempre
me doy un buen golpe.
—¿Y eso?
—Nunca logro frenar en seco.

187

Dos pollitos ladrones entran en un museo cuando,
de pronto, suenan unas sirenas.
—¡Corre! ¡Ha llegado la *Pollicía*!

188

—¿Por qué has puesto ese cartel de «Cuidado con el perro»? Tu chihuahua apenas es más grande que una lata de refresco.
—Porque no sabes la de veces que lo han pisado ya…

189

Dos niños de Primero de Infantil examinan un huevo.
—¿Cómo conseguirá el pollito salir de ahí?
—¡Ni idea! ¿Y cómo conseguirá meterse?

190

—A mí los que me gustan son los elefantes.

—¿Y el resto de los animales?

—Todos los demás me parecen *irrelefantes*.

191

Un niño ve una peli en la tele con una amiga
y con su perro.

—¡Tú perro parece estar disfrutando!

—No te creas, ¡le gustó mucho más el libro!

192

Le dice un granjero a otro:

—Cuidado, la leche de esa vaca está cortada.

—Ya, es que es una vaca muy tímida.

193

Dos pulgas nacieron en el mismo perro.
Son amigas desde siempre.
Un día, una de ellas, mirando soñadora
más allá de su animal, pregunta:
—¿Tú crees que habrá vida en otros perros?

194

Un camarero le dice a otro:

—¡Oye! ¿No es muy raro que ese caballo haya pedido café?

—¡Desde luego! Y encima no hace más que quejarse de que no duerme.

195

Una serpiente despechada le grita a su novio:

—¡Volverás a mí arrastrándote!

196

Papá pulpo les dice a sus pulpitos, antes de cruzar la corriente marina:
—A ver, dadme la mano. Y esta mano, y esta mano, y esta mano, y esta mano...

197

En la tienda de animales...
—Buenos días. ¿Esos peces rojos qué comen?
—Muchas cosas, porque son omnívoros; pueden comer crustáceos, larvas, gusanos, plantas e insectos.
—¡Qué curioso! ¿Y qué beben?

198

En la tienda de animales...

—Perdone, ¿qué le pasa a ese pez? Parece triste.

—Ya, últimamente se le ve muy hundido.

—Vaya, ¿y sabe por qué?

—No sé, igual se dejó llevar por la corriente.

199

Un chico está por la calle paseando a su perro, que tiene un semáforo en vez de una cabeza. Entonces, una chica le dice:

—¡Qué perro más raro tienes! ¿Qué raza es?

—Es un cruce.

200

Dos leones adolescentes están paseando por la llanura de la sabana…

—¿A ti tu madre también te ruge porque tienes la habitación hecha una leonera?

201

Una chica está sentada en un banco junto a un perrito.

Un señor llega y le pregunta:

—Hola, ¿tu perro muerde?

—No, qué va.

El hombre acaricia al animal y le suelta un mordisco.

—¡Ayyy! ¿Pero no decías que tu perro no mordía?

—Es que este perro no es mío.

202

Van dos moscas volando a toda velocidad…

—¡Para, para! ¡Se me ha metido un motorista en un ojo!

203

Un ladrón enmascarado con un gato en sus brazos
entra en un banco, se sube a la mesa y grita:
—¡Que nadie se mueva o aprieto el gatillo!

204

—Tu gato parece un perro.
  —Es que es un perro.
  —Pues parece un gato.

205

—La jirafa está acatarrada.

—¡Pobre! Le dolerá todo el cuerpo.

—Pues casi, porque le duele la garganta.

Dos gusanos están jugando a las adivinanzas…

—¿Quién da noventa y nueve pasos sin ruido y un paso que hace clac?

—Ni idea, me rindo.

—¡Un ciempiés con una pata de palo!

207

—¡Esta vaca es muy nerviosa! ¡No para de moverse!

—No será para tanto.

—¿Que no? Ya no da leche, ¡da batidos!

208

—Perdona, mi gato le ha hecho daño a tu perro.

—No creo, mi perro es un dóberman.

—Ya, pero mi gato es hidráulico.

209

En el momento más loco de la fiesta de los perezosos, el DJ pone la canción estrella:

—Des-pa-ci-to...

210

Una gran osa polar camina junto a su pequeño entre los extensos hielos del Ártico.

—Mami, ¿seguro que somos osos polares?

—¡Claro! Como tu padre, como tus abuelos… Todos osos polares.

—Ya… ¿Seguro?

—¡Por supuesto! Mira: pelo blanco por todo el cuerpo, lengua azul… ¡Polares, polares!

—Vale, pues seremos polares, mamá, pero ¡yo tengo un fríííooo…!

—Por lo visto, en el recreo hay un chicle lleno de hormigas.

—¡Lo sé! Estuve un rato mirándolas, porque es muy interesante lo que estaban haciendo.

—¿Y qué era?

—La vuelta *chiclista*.

212

Dos gatos están en un tejado cuando
un tercero los llama desde lejos:
—¡Guau, guau!
—Ya está este presumiendo de idiomas.

213

—Siempre me encuentro una abeja en el gimnasio.
—¡Qué miedo! ¿Pica a la gente?
—No.
—¿Y qué hace?
—Zumba.

214

—Te quiero tanto… ¡Te quiero como se quieren las chinches!
—¿Y cómo se quieren las chinches?
— *Chincheramente.*

215

En el fondo del mar, una gamba le dice a otra:

—Tu vecina ha roto el coral.

—¿Otra vez? No puedo con ella, es una gamberra.

216

Le dice una oveja a otra:

—Mi hijo últimamente está insoportable.

—¡No me digas! ¿Y eso por qué?

—No para de hacer lo que le da la lana.

217

—Te quiero tanto… ¡Te quiero como se quieren los patos!
—¿Y cómo se quieren los patos?
—*Patoda* la vida.

218

—¿Sabes por qué los peces no pueden jugar al tenis?
—¿Porque no tienen raquetas?
—No, no. Porque la red les ataca los nervios.

219

Un pato le dice a otro:

—No te juntes con ese.

Está en contra de todos nosotros.

—¿Y eso?

—Es un antipático.

220

Dos serpientes cuchichean, atentas
a una pelea de novios:
—¿Lo has visto? Le ha hecho la cobra.

221

—¿Sabes cuál es el baile preferido de los perros?

—Claro, el perreo. ¡No va a ser el flamenco!

—Ya lo sé, ¡ese es otro animal!

222

Dos monos están en la selva.

Uno de ellos señala a una cebra y le dice al otro:

—A esa ni te acerques, que está muy rayada.

223

Un gusano va reptando deprisa hasta la puerta de la casa del ciempiés y grita:

—¡Abre, deprisa, que tengo que ir al baño!

—¡Voy! ¡Un momento, que me pongo los zapatos!

—¡Noooooooooooooooo!

224

—¿Cómo sabes que esos pollitos son novios?

—Porque se dan piquitos.

225

—Nunca juegues con un gato a los videojuegos.
¡Te dan una paliza que no veas!
—¿Y eso?
—Es que tienen siete vidas.

226

Dos pulgas van corriendo por la calle,
y una le dice a la otra:
—¡No vamos a llegar a tiempo!
—¡Llegaremos, no te preocupes, tengo el perro
aparcado en la esquina!

227

Dos atunes están recorriendo juntos
la corriente marina y, de pronto, uno dice:
—¿Te has enterado? ¡Los peces solo
tenemos dos segundos de memoria!
—¿Dos segundos de qué?
—¿Qué de qué?

228

—Oye, tu pez huele muy mal. ¿De qué especie es?

—Es un *apeztoso*.

229

Un pollito, caído en la batalla, le grita a su pollito rival:
—¡Caldito seas!

230

Mamá iguana acaba de tener a su bebé.
Cuando salen de casa, su vecina le dice:
—¡Cómo se parece a ti! ¡Es iguanita!

231

Una serpiente mira asustada a su amiga y le dice:

—¡Espero que no seamos venenosas!

—¿Por qué lo dices?

—¡Me acabo de morder la lengua!

232

—¿Tú te has preguntado alguna vez
por qué los peces no tienen Instagram?

—Será porque odian las redes.

—Claro, será por eso.

233

Al salir del cine, dos perros comentan la película.
—¿No te ha dado miedo el malo de *Harry Potter*?
—¿Voldemort? Uy, qué va. Todo el mundo sabe que
«perro ladrador, poco Voldemort».

234

Un lagarto se echa las manos a la cabeza cuando se
encuentra con el accidente de un caracol y una tortuga.
—Pero ¿qué ha pasado?
—No lo sé —contesta el caracol, mareado—. Ha sido
todo tan rápido…

235

Dos veterinarios están hablando sobre viajar al océano Ártico.

—No sé, dicen que los animales que viven en el Polo Norte son de carácter frío.

—No creas, solo les cuesta romper el hielo.

236

—Papá, tenemos que irnos; en esta casa hay fantasmas.

—A ver, hijo, créeme, los fantasmas no existen.

—¿En serio? La persona que viene a limpiar está convencida de que aquí hay fantasmas.

—Vale, pues coge tu abrigo, que nos vamos ya.

—¿Por qué has cambiado de opinión?

—¡Porque aquí no viene nadie a limpiar!

237

—Profe, ¿qué tal mi prueba de levitación?

—¿A ver...? Sí, estás suspendido... ¡Felicidades!

238

Érase una vez una bruja algo torpe. Sin querer, se tiró encima una pócima para encoger. Desde entonces, solo puede volar montada en una escobilla del váter…

239

Érase una vez una niña tan temeraria que, para dormir, en vez de ovejas contaba lobos…

240

En un casting para un programa de televisión…
—Dígame, ¿usted qué sabe hacer?
—Imito a los pájaros.
—Ya… Siento decirle que buscamos algo más sorprendente. Puede irse, gracias por venir.
Y el hombre, algo triste, levantó el vuelo.

241

Dos muertos vivientes charlan en el cementerio.
—Ese que va cojeando por ahí ya nació zombi.
—¡Entonces tendrá *zombligo*!

Superman le pregunta a Batman:

—¿A ti te cae bien el Hombre Invisible?

—Uy, a ese no lo puedo ni ver.

243

—¡Han llegado los extraterrestres!

—¿Amigos o enemigos?

—Yo creo que son amigos, porque vienen todos juntos.

244

Un par de mochileros se paran frente al castillo del conde Drácula.

—¿Qué te parece dormir aquí?

—Ni hablar, que me han dicho que aquí te sangran.

245

Gepetto le dice a Pinocho:

—He creado a otro niño como tú.

—¿Tengo un hermanito? ¡Qué bien! ¿Y cómo se llama?

—Pinueve.

246

En el castillo del conde Drácula, un vampiro se acerca a un hombre lobo y le dice:

—¿Oye, no vienen momias a la fiesta?

—Qué va, se han quedado en la pirámide. Esa gente es un rollo.

247

—A mí el que me da más miedo es el duque Drácula.

—Es conde.

—¿Qué esconde?

—¡Que es conde, demonios!

—¿Esconde demonios? ¡Ahora me da más miedo!

248

—¿Quién fue el rey bárbaro más tranquilo?
—A-tila.

249

—¿Qué tal tu crucero por el mar Muerto?
—¡Una decepción!
—¿Y eso?
—¡Ni un solo zombi he visto!

250

¿Qué dijo el vampiro antes de morir?
«¡Baja esa persian...!».

251

En la Oficina de Artes Oscuras y Brujería, Clotilde está intentando abrir una nueva cuenta de correo electrónico cuando...
«Su contraseña debe contener al menos un número, una letra mayúscula, una minúscula, un símbolo, una uña de dragón, un pelo de serpiente y un moco de murciélago».

252

¿Qué mira Superman en sus redes sociales?
Su perfil.

¿Qué lee Superman al levantarse?
Su periódico.

¿A qué animal quiere Superman por encima de todo?
A su periquito.

¿Y dónde pone su traje en casa?
En su perchero.

¿No te sabes más chistes de Superman?
Supéralo tú.

253

Un amigo se encuentra con otro con gesto serio, entre las sombras de una apartada esquina…

—¿Te ocurre algo?

—Me suspendieron el examen final de Agente Secreto.

—¿Y eso?

—Puse mi nombre.

254

Darth Vader se encuentra con Luke Skywalker.

—¿Adónde vas, hijo?

—Al gimnasio.

—Ah, muy bien, que la fuerza te acompañe.

255

Le dice Luke Skywalker a su robot:

—C-3PO, voy a comer a casa de mi padre. Busca en tu base de datos y dime qué postre llevo.

—¡Bip! ¡Bop! Helado oscuro.

8

«TIK, TOK», ¿QUIÉN ES?

REDES Y ROBOTS SE ESCRIBEN CON «R» DE RISA

—¿Sabes que los gatos pasan dos tercios
del día durmiendo?
—Normal.
—¿Normal por qué?
—Porque hacer vídeos para las redes es muy cansado.

257

Un niño enseña a su abuela a usar el ordenador.
—Pero ¿qué haces ahora con los ojos cerrados, abuela?
—Es que ahí dice que el ordenador va lento y que
debo cerrar pestañas…

258

—Se nota que tu hijo de mayor quiere ser astronauta, por cómo usa el teclado del ordenador.
—¿Cómo lo notas?
—Porque usa mucho la tecla del espacio.

259

Un hombre le dice a su amigo informático:
—Creo que mi hijo tiene algo viral.
—¿Es youtuber o tiktoker?
—No, no, ¡me refiero a un virus!
—¡Pues entonces reinícialo!

260

—¡Me encanta ese que lleva las redes!

—¿Quién, abuela? ¿El *community manager*?

—Uy, a ese superhéroe no lo conozco. Me refiero a ese de rojo y azul que se pega a las paredes.

261

—Mamá, tienes que renovarte y contar chistes nuevos.

—¿Nuevos?

—Pues no sé… De TikTok.

—¡Ah, de esos sí que sé!

—¡Pues cuéntame uno!

—TikTok, ¿quién es?

—Mi abuela me tiene frito con el corrector del móvil.

—¿Y eso?

—Su mensaje: «Ávila cuando llueva a calle de mañana».

—¡Uy! ¿Qué querrá decir?

—Ni idea.

En casa de los abuelos…

—¿Has escrito al niño?

—Sí, le he dicho: «Avisa cuando llegues a casa de mamá».

263

—Creo que estás obsesionado con el ordenador.

—No entiendo por qué, pero espero que sea la última *web* que lo dices.

264

—¿En qué trabajas?
—Me encargo de las redes.
—¡Ah, eres *community manager*!
—No, pesco atunes.

265

En una entrevista de trabajo…
—Soy doctor en Periodismo por la Universidad
de Oxford, doctor en Comunicación Audiovisual
por la Universidad de Nueva York, tengo un máster
en Creación Informática y…
—Muy bien, muy bien, pero ¿sabe hacer memes?

266

—Papá, no logro apagar el ordenador.

—Mantén apretado el botón de apagado diez segundos.

—No creo que pueda sin quemarme. Las llamas llegan ya al techo.

267

—¡Pikaaachuuuuuu!

—¡Jesús!

—¡Mamá, ya te he dicho que mi Pokémon no está resfriado!

—¡A mí no me dice nadie lo que tengo que hacer!

—«4% de batería, debe conectar el cargador».

—¡Voy corriendo!

269

Búsqueda en Google:

«Cómoarreglolabarraespaciadora».

270

—¡Se me ha perdido Pufy, mi gato!

—¡Rápido, haz un *reel* en Instagram y pon la dirección de tu casa!

—¡No servirá de nada! ¡Pufy no tiene Instagram!

271

—Tengo una amiga otaku que está un poco apagada.

—Ay, pobre, a ver si encuentra algo que la anime.

272

—Me dijo que colgó el vídeo en… Facetok.

—Mamá, será Facebook.

—No, no… Eh… ¿Cómo era? Facetik.

—Ah, será TikTok.

—No, no… ¡Ya me acuerdo! Instagram.

273

En la oficina, una impresora se comunica
por wifi con otra:

—¿Esta copia es tuya o es mi impresión?

274

Gracias a la Inteligencia Artificial, por fin pudieron
crear un traductor para poder hablar con los árboles.
En la primera prueba…
—¡Noooooo!
—¿Qué te sucede, árbol? ¿Temes a la polución?
¿A la desertización? ¿Al cambio climático?
—¡Nooo! ¡Que por ahí viene otra vez ese perro
meóóón…!

275

—¿De dónde sacas tus chistes de Pokémon? ¿Sabes más?
—Los soltaron en clase, pero no pude atraparlos todos.

276

—Mi jefe me ha despedido y no sé por qué. Dice que es porque pasaba mucho tiempo en las redes…

—¿De qué trabajabas?

—De *community manager*.

—¿Has visto que los robots hacen lo mismo
que tú, pero tan tranquilos?
—Sí, es que ellos tienen los nervios de acero.

278

En el curso de ordenadores para gente mayor…
—¿Es fácil eliminar los correos basura
que me llegan a diario?
—Claro, *spam* comido.
—Creo que el profesor me toma a broma.
—*Ciberseguro* que no, no te lo tomes a *malware*.

279

—¡Mira, Manolo, audífonos nuevos! ¡Son maravillosos! Tienen wifi, bluetooth, batería infinita y además son sumergibles. ¡Me han costado un pastón, pero se acabó la sordera!
—¿Cuánto te han costado?
—Las doce y cuarto.

280

—¿Tienes Instagram?
—Sí.
—Dímelo.
—Tengo Instagram.

—¿Te gustan los libros de Harry Potter?

—¡Soy muy fan! Del 1 al 10, les doy un 9 ¾ .

282

—Estoy preocupado por mamá. Esta mañana
le he dicho: «¡Mamá, estás obsesionada
con el móvil! ¡Mamá! ¡Dime algo!».

—Sí, ya me ha dicho que te dejó en visto.

283

—Es imposible discutir con este DJ.
—¿Y eso?
—Siempre cambia de tema.

284

Un chico le pregunta a su amiga informática:
—A mi Instagram le pasa algo…. Dice que «la contraseña es incorrecta» y, por mucho que escribo la palabra «incorrecta», no se abre.

—¿De dónde viene Frodo con ese Bolsón?

—De Aragorn, que se ha comprado un Chandalf.

286

—¡La impresora se ha vuelto completamente loca!

—¿Y eso?

—¡Ha perdido los papeles!

287

—Ya no sé qué hacer, he cambiado un montón de veces mi contraseña de la wifi y alguien sigue entrando.

—¿Cuál es la última que has puesto?

—4343$%&??lasnfaiTRgik"2"ENTRA AHORA SI PUEDES.

—¿Y cómo sabes que han entrado?

—Porque he vuelto a mirar la contraseña y ahora pone 4343$%&??lasnfaiTRgik"2"VALE.

288

—Creo que el informático es muy despistado.
—Tienes razón, siempre está en la nube.

289

—¡Una vez leí que jugar a los
videojuegos era malísimo!
—¿Y qué hiciste?
—Dejar de leer.

290

—¡Mamááá! ¿Dónde están mis zapatillas de deporte?

—¿Por qué no buscas antes de preguntar, hijo?

—¡Ya lo he hecho, pero en Google no pone nada!

Mamá, tardo media hora en volver, estoy con mis amigos. Si para entonces no he llegado, vuelve a leer este mensaje.